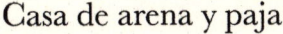

Casa de arena y paja

Casa de arena y paja

Bárbara Sánchez Temiño

TEXTOS
Bárbara Sánchez Temiño

PORTADA
Vuhed

MAQUETACIÓN
Andrea Gómez Expósito

NÚMERO DE EDICIÓN
Primera

EDICIÓN
Postdata Ediciones

ISBN
978-84-19411-82-2

DEPÓSITO LEGAL
V-1972-2024

A mi madre y a mi padre, siempre dispuestos a
sumergirse en cualquier océano con tal de
salvarme;

a Joaquín, mi pequeña candela capaz de enfocarme
en los momentos más oscuros;

a Óscar, que me ha brindado sus brazos en la fría noche
y puesto en mis manos un espejo que me ha devuelto
una mirada más bonita;

a Daniel Mustieles, por su amistad, su generosidad y sus
enseñanzas, por llenar también mis días de poesía;

y a todos los que me habéis sostenido en equilibrio sobre
este punto de inflexión de mi vida. Vuestro amor me
ha permitido seguir conectada al mundo.

PRÓLOGO

Dolor.

Esta fue la primera palabra que me vino a la mente cuando empecé a leer el poemario que Bárbara quiso poner en mis manos para que le diera mi opinión. Página a página, este libro gotea dolor, rabia, ganas de gritar y de romper con todo. Y si quizá esperabas encontrar la palabra "miedo", lo siento, pero no va a ser así.

Este poemario es un trozo de corazón arrancado a mordiscos y que ha llegado a tus manos todavía latiendo. No es una petición de auxilio ni de ayuda: es un hecho. Lo tienes, lo estás sintiendo palpitar y no va a dejar de hacerlo porque es algo que está vivo, y que a lo largo de sus páginas no hace sino cobrar más vida.

Vivir a veces duele, eso lo sabemos todos, pero Bárbara ha sido capaz de capturar ese dolor en una jaula de palabras y de exponerlo al mundo para que todos vean que es real, que es verdad que los monstruos existen pero que también se pueden vencer y hacer que nos acompañen para no olvidar nunca que siempre, siempre, pueden volver.

Casa de arena y paja es un niño que maduró antes de tiempo, que ha crecido a la fuerza, empujado por unas manos invisibles (y otras no tanto) al borde de un abismo al que supo mirar de frente y decirle "NO". Ahora ese niño juega con las palabras y las flores, a veces su gesto torna en una sonrisa amarga porque el dolor intenta abrirse paso, casi lo consigue, pero hay algo más fuerte que una enfermedad o que los monstruos del armario.

Aprieta los dientes y sujeta entre sus manos un pincel o una pluma (poco importa ya la diferencia) y convierte ese abismo oscuro y peligroso en un mar azul con lágrimas armiñas en el que se puede bañar y recostar tranquilo y en silencio. La poesía también le enseñó a llorar.

Como decía antes, este poemario es un trozo de corazón latiente que cobra aún más vida a lo largo de sus páginas. Y al igual que un pajarillo que consigue alzar el vuelo por primera vez desde su nido, *Casa de arena y paja* abre una ventana al amor y la esperanza, una grieta por la que la luz entra y seca las heridas y los charcos, por donde la lluvia entra fina y lentamente para lavar la ropa y las pupilas, pausar el tiempo de unos párpados pesados y poder sentir el calor de quien ya no está encima o por delante, sino a un lado, con la mano tendida y el corazón abierto, invitando a caminar y ser refugio, detener el tiempo y compartir una sonrisa que llena el aire de golondrinas.

Será tal vez que sí es posible que llueva dentro de un poema, que ella está lloviendo desde esta madrugada, y que a pesar de que hoy el dolor ha dado tregua, ella sigue y seguirá lloviendo versos.

Y no escampa.

Daniel Mustieles

INTRODUCCIÓN

Cuando era niña, rellenaba momentos vacíos levantando torres con una baraja que mis abuelos guardaban en el mueble de caoba que presidía su salón. Me tumbaba sobre la alfombra, así se sostenían mejor y, mientras mi mente se deslizaba por mundos de los que solo la inocencia tiene la llave de acceso, colocaba con la precisión de un cirujano, una a una, cada carta. El proceso siempre era el mismo: primero ponía dos en forma de tienda de campaña; después, edificaba otra tienda y, finalmente, unía las cuatro con una quinta. Así me entretenía cuando era una niña, uniendo cartas, edificando sueños. Para continuar ascendiendo en la estructura de copas, bastos, oros y espadas, el equilibrio era vital. Si alguna de las cartas de la base no estaba bien emplazada, el peso de lo que tenía encima, una ligera brisa, incluso un pensamiento, podía hacer que todo se derrumbara.

Pienso que no es muy distinto de lo que ocurre cuando los pilares de nuestra realidad oscilan. La precariedad de uno solo es suficiente para hacer peligrar lo que hemos construido. Un copo de nieve en un lugar concreto, en un momento, en un segundo, y toneladas de desaliento descenderán veloces por la ladera engullendo cualquier forma de vida, incluida la ilusión. No sé si caí con una palabra, con una nota de voz aguda, con un pensamiento robado o con el peso del último copo de nieve. Mi baraja se hundió de rodillas trece metros por debajo del suelo. Y aquí estoy ahora, volviendo a unir las primeras dos cartas para empezar un nuevo futuro. Ambas cartas son espadas y tengo una en cada mano.

13

Quizá este poemario sea eso, dos espadas que se unen para tejer un comienzo con el hilo que resultó de mezclar las fibras de una enfermedad incapacitante con las que provienen del daño emocional. Hace algún tiempo comencé a bajar cada mañana a la cocina antes de que el sol rozara el día. Bajaba para encontrarme con un bolígrafo y un cuaderno. Algunas veces se unía la amargura, otras la ira, el miedo y, las menos, la alegría o el sosiego; siempre de la mano de un dolor asfixiante que me avisaba a golpes de que era la hora de levantarse, aunque quedaran horas para escuchar los cantos de los pájaros más madrugadores. Bajo la luz de una bombilla roja y bajo la sombra de una separación, fui escribiendo lamentos que tomaron forma de poemas.

Los versos que siguen los escribí en otra vida. Porque ¿no es la vida el abrir y cerrar una ventana, un soplar del viento, una mirada?, ¿no sucede la vida en un momento?, ¿no fue ayer una vida distinta a la de hoy? Esa otra vida, en la que escribí estos versos, fue una vida extraña. Al principio los relojes se pararon y una luna ni creciente ni menguante permaneció envuelta en una noche perenne durante meses. Sabía que pasaban los días porque contaba las horas. La lluvia no cesaba e inundaba el interior de mi casa sin tener goteras. Y la niebla..., la niebla era tan densa que, cuando no estaba escribiendo, me dedicaba a cortarla con un cuchillo por el simple placer de herirla.

Con el tiempo, las noches empezaron a alternarse de nuevo con los días. Fui procesando lo que suponía tener Fibromialgia, Encefalomielitis Miálgica, Depresión y Síndrome de Ehlers Danlos, enfermedad hereditaria cuyo diagnóstico llegó cuando estaba terminando este libro. El diagnóstico no es más que una etiqueta, pero me permitió conectar con una guerrera de laxa armadura, mi madre que, al igual que yo, ha podido validar años de dolencias e incomprensión.

¡Ay, la incomprensión! Durante muchas de aquellas noches de luna estanca la culpé del giro del sendero, pero ahora sé que no fue ella el último copo de nieve en el lugar concreto, en el momento preciso. Fue la rabia, el castigo de la soledad a la que me sometió el amor por alejarme la enfermedad de cómo era. Me arrastró la marea y el amor no me tendió la mano. Sin embargo, lejos de hundirme, abrí los ojos en una tierra distinta. Aprendí que el amor puede adoptar varios nombres: familia, pintura, amistad, autoestima, poesía… Fueron esas formas de amar las que me salvaron y las que me siguen salvando. En una casa de arena y paja abrí los ojos. En aquel lugar olía a arte y a café recién hecho; olía a hogar, a membrillos, a tinta, a ternura, a bizcocho de canela... Allí he podido dibujar nuevos amaneceres, soñar con otros cielos cobijada en sus brazos, respirar silencios que no duelen y sentirme sostenida cuando al tiempo le da por pararse de nuevo y las noches duran más de lo debido.

Casa de arena y paja es una manera de pronunciar con lengua de tinta lo que ha sucedido bajo mi piel durante el abrir y cerrar de una ventana, durante un soplo de viento, durante un año que ha sido para mí una vida entera. Es mi forma de volver a rehacer la torre caída empleando naipes más robustos, de volver a ser aquella niña que construía dos tiendas de campaña y, después, unía cuatro cartas con una quinta.

De improvisto un cansancio, tan profundo,
que hubo solo el deseo de morir.
Salí a la luz, y vi que el triste mundo
se afanaba, frenético, en vivir.

Es mi destino adverso, y me confundo:
si rescato el vivir, tendré solo el morir.

FRANCISCO BRINES

Páramo

Un mundo sin verde

Este invierno está durando mucho. Un otoño se derramaron todas las hojas, también las de los cipreses y las encinas. Fueron desprendiéndose lentamente, tomándose su tiempo, alargando su trayecto hasta fundirse con el suelo. Pudo ser su manera de despedirse, porque no volvieron a aparecer tallos en mayo, tampoco brotes en abril.

Es demasiado lo que está durando. Hace un rato he depositado mi lastre en una piedra. Me ha sorprendido verla ahí, solitaria en medio del páramo, como los robles que hace años rasgaban verdes lienzos de coníferas con esos oros densos en los que se bañaban al llegar noviembre.

Este lugar ya no alberga vida. Todo está en silencio, los pájaros migraron cuando supieron que ya no habría rosas ni geranios. Se fueron y no han vuelto. Me he tumbado sobre el manto de musgo seco que cubre esta isla en medio de la nada. Está frío, como yo, como todo.

Suelo salir de casa a esta hora. Por las mañanas siempre llueve un agua que no moja y las nubes descargan una tristeza opaca que luego se filtra por las grietas de la tierra infértil. Supongo que por eso ha dejado de existir el verde. Sin embargo, esa lluvia es lo que me mantiene con vida, de eso me alimento, de tristeza. El cielo no puede llorar sin descanso, así que a mediodía suele escampar, sale un sol parecido al de antes. Si no fuera porque es un sol que hiela, al mirarlo podría pensar que nada ha cambiado.

Los días en los que puedo hablar, le suplico al viento que me explique cómo lo hacen los demás: siguen caminando, a veces, incluso sonríen. Parece que para ellos aquel otoño no lo hubiera cambiado todo. A lo mejor no lo ha hecho, a lo mejor ese otoño nunca existió. Una mariquita se ha posado en mi rodilla, pensé que ya no quedaban, no sé, quizá aún haya esperanza.

Por siempre jamás

(Síndrome de Ehlers Danlos)

Saboreo el sol hasta que tú lo nublas.
Contemplo la hiedra antes de que me ciegues.
Oigo los pájaros, pero tú los silencias.
Mis pensamientos fluyen con libertad
hasta que los contienes y perviertes.

Te empeñas en apagar cada amanecer,
también la luz de mi mesilla.

Eres el fango que no me deja andar,
la lluvia que salpica mis ojos,
el agotamiento que me somete
al más terrible de los letargos.

Tu mayor poder
es hacerme olvidar mi nombre.
He dejado de pensar
en el tiempo que ha pasado
desde que mudó mi piel en nata agria.

Me entretengo grabando vestigios
en paredes y recuerdos,
uno por cada memoria que hay
entre la sima en la que habito
y la superficie
en la que en otra vida
no soñaba preludios y humo.

Cuando te distraes y aflojas mi cuello
puedo recordar lo fácil que es respirar,
recupero la sonrisa
y el mirar al futuro
más allá de tus murallas.

Pero siempre te percatas
y te encargas de hacerme saber
que no volveré a estar sola,
que siempre caminarás conmigo

    (tú anclado en mi espalda
    y yo descalza)

por el gélido rocío
los mediodías de abril.

In-versa

Mis engranajes se oxidan
cuando la oscuridad de la noche
arropa al resto de almas.

Estoy inversa.
Mientras mi conciencia se compadece
las demás duermen.

Veo cómo mi cuerpo
envejece anticipadamente.
Le rechazo a gritos y le culpo,
le culpo por obligarme a padecer
una vida remota.

Me desahogo y pataleo.
No quiero asumir
que estas manos
son ahora las mías,
que la sombra que se extingue
al otro lado del espejo
soy yo misma.

Vierto el último jarro de ira,
la última gota de lluvia y,
estando ya seca mi carne,
me abrazo de nuevo
mientras engraso,
una vez más,
los tornillos,
las tuercas,

las arandelas
y los pernos.

Engraso cada uno, los pulo,
para que la concatenación de mis miembros
continúe, a pesar de su desgaste.

Latiendo.

Proyección

Mis ojos me aseguran ver sonrisas carnívoras
que juzgan tras cortinas de incomprensión.

Me juran y perjuran
que hay hilos de prejuicios
en la seda tejida
con las amables palabras
con las que otros me cubren
para darme consuelo.

Nuestra mirada es inequívoca, me dicen.
Me garantizan que tienen la capacidad
de traspasar la piel y los huesos
y conocer así
lo que oscuramente ocultan los corazones.

Cuando confío en ellos
mudo en una isla ciega
rodeada de aguas de vergüenza y soledad;
a sus orillas
tan solo llega la espuma
de los murmullos
que, como olas,
se escapan de mis manos
al tratar de darles forma.

Pero
¿y si el engaño no proviene
de los siseos de la espuma?,

¿y si son ellos, mis ojos,
los que me rechazan,
los que me juzgan?

¿Estaré proyectando mi mirada
en el sentir de las olas?

En ese caso,
procederían de mí la soledad y la vergüenza,
la desconfianza y el prejuicio,
sería yo
la que no se cree cuando se lamenta.

Días vencidos

(Al malestar post-esfuerzo,
síntoma de la Encefalomielitis Miálgica)

En los días vencidos
en los que cubrimos nuestros cuerpos
con jirones blancos
que hablan de una rendición mentida.

En los días vencidos
en los que el mar furioso
devora los restos de un pesquero
antes siquiera de naufragar.

En los días
en los que los buitres se alimentan
de quienes aún no han visto luz.

En esos días,
son plomo las horas,
los grifos gotean años
y la vida,

la vida se declara en huelga,
quedándose estancada en un futuro
que quedó por escrito
pero sin firmar.

Son vencidos,
son de venganza esos días para a quienes,
acostumbrados a beber fatiga,

se nos ocurrió probar el vino;
para a quienes
nos atrevimos a morder la manzana
cuando lo tenemos prohibido.

Decía

Me pesa la vida, decía.
Y entregó sus sueños para quitarse peso.

Me pesa la vida, decía.
Y arrojó las piedras que recogió en el camino.

Me pesa la vida, decía.
Y perdió veintiún gramos cuando entregó su alma.

Me pesa la vida, decía.
Y se convirtió en una carcasa autómata
sin ilusiones.

Me pesa la vida, decía.

Lluevo

Estoy lloviendo desde esta madrugada.
Corre el tiempo lento

         y no escampa.

Tengo los pies mojados de pena,

         y la pena
empapada de ganas,

         y las ganas
chorrean las lágrimas del saber
que se me pasa el tiempo

         lento,
que sigo lloviendo
y no escampa.

Claro

Ella
permanecía tendida en la tierra,
rendida,
implorando a gritos mudos
que la gravedad terminara de engullirla,
que, por fin,
llegara la tan ansiada noche,
esa noche carente de grillos y luna.

La luz que se filtraba
entre las copas de los arces
cubrió con sus dedos crepusculares
la piel expuesta.

Pero la vehemencia del suspiro
que precede al ocaso
insistió en reanimar
su alma desmembrada.

En ese suspiro resonó
la risa de un niño
y comprendió que no era ella sola,
ya no.

No pudo soportar la idea
de no volver a respirar su piel de leche,
de no acariciar de nuevo
su ocre melena.

Agarrándose al amor, al deber
y a la culpa,
sí a la culpa también,

abrió los ojos
y se rescató de donde estaba.

Oscuro

Aunque la luz que se filtraba
entre las copas de los arces,
cubriendo con sus dedos crepusculares
la piel expuesta,
trataba de que se levantara;
ella
permanecía tendida en la tierra,
rendida,
implorando a gritos mudos
que la gravedad
terminara de engullirla,
que, por fin,
llegara la tan ansiada noche,
esa noche carente de grillos y luna.

Al llegar el día cumplió su deseo
y se mezcló con el manto de hierba
que sosteía su cuerpo.

Su alma fue la semilla
de un sauce que creció llorando
y sus huesos raídos
fueron raíces que continuaron,
incesantes,
buscando paz
en la profundidad de la tierra.

Al otro lado

La luz al final del túnel
en los días en los que
ni la belleza de los contrastes de color
que nos regala noviembre
son alivio, se siente tan lejos

                        esa luz.

¿En qué momento
podré acariciar de nuevo cierta mejoría?

¿Cuándo
podré salir a respirar bosque
sin la compañía del Ello que me somete?

¿Podrá ser, quizá, en esta vida?

Conozco cada lamento del túnel
que ahora

              es casa.

Por las tardes,
cuando hay poco que hacer,
me siento y fijo mi ceguera
en esa luz,
la del final,
y le suplico
a gritos
que me explique

                  cómo es el aire al otro lado.

Joker

Me despido con una amplia sonrisa,
de esas
        ensayadas frente al espejo,
de esas
        que suponen un inmenso esfuerzo
porque, aunque trasmites alegría,
estás llorando por dentro.

Tambaleándome
consigo entrar en el coche.
Ya estoy sola,
puedo dejar que entre la noche.

Ha estado llamado a mi puerta.
Me quito la máscara,
me desnudo y me quedo expuesta.
Ya puedes pasar, le digo,
haz conmigo lo que quieras.

Transita por mis venas,
me inunda con cada pulsión,
cubre cada centímetro,
tan solo inhalo dolor.

No tiene suficiente, nunca lo tiene.
Es ambiciosa e inconformista,
necesita a toda costa
arrebatarme la vida.

Abro la boca y grito,
grito con todas mis fuerzas,
pero no sale ningún sonido
de estas entrañas
ya ajadas y secas.

Caudales de desesperación
agrietan mis mejillas
hasta que enseña sus fauces
esa negrura infinita.

Aúllo, ya muy rota.
No viene de este mundo,
sino de la desoladora penumbra
que arrastra a lo profundo.

Aúllo.

Agotada,
respiro hondamente,
ya puedo ponerme la máscara
y sonreír ampliamente.

Libre para morir

¡No me llaméis guerrera!
Sostengo la espada
porque no soy libre para morir.

Oculto mi lado amargo
con esta máscara de pelo, piel y huesos
que yo misma he cosido sobre mi carne.

Este engendro, que no es cara,
me lo pongo por la vergüenza
que me produce saber
que no podéis reconocer
la contienda que habita detrás de mis pupilas,
que no podéis contabilizar los muertos
que diariamente allí se agolpan.

Respiro esa vergüenza,
me alimento de ella.

Por eso
¡Quitadme la etiqueta de heroína!
No soy sino una bestia de carga
que no sabe cuántos pasos le quedan
para besar la locura.

¿Qué pasa?
¿Os incomoda lo que habita dentro de mi garganta?
¿No es políticamente correcto este grito?

Lo lamento, pero solo en la poesía
encuentro la manera de hacerme escuchar
cuando a esta enfermedad
le da por enterrarme viva.

Como veis, no soy una guerrera,
solo arrastro una espada.

¡No me lo llaméis!
Soy una más que se defiende
porque, desgraciadamente,
aún no soy libre para morir.

Para el bolsillo

No es una mañana cualquiera,
mi espalda reposa entumecida y serena
sobre un lecho de hierba tersa,
justo al ladito de la azalea.

Casi estamos en abril
y los amaneceres de cristal
tienen los días contados.
El sol alimenta mi dermis
y los versos que descargo.

Me embadurno de la vida
que va más allá de mi cuerpo,
que se extiende hasta las crestas
que desde mi tumba saboreo.

Hoy la fatiga está descansando,
el miedo fue a dar un paseo
y mis dolores guardan algo de silencio.
Todos se han marchado
dejándome a solas con mis pensamientos.

Ojos cansados,
párpados templados,
voces de niños que se alzan tan solo
dos casas más abajo.

Diluyo mis cambiantes emociones
en los infinitos destellos
de belleza incontrolada
que trae consigo el viento.

La percusión con la que respira el terreno
me sumerge en una hipnosis consciente,
tamborilea rítmicamente
manteniéndome en el presente.

Ya tengo nostalgia de hoy.
¡Ay, si fuera posible parar el segundero!

Me guardaré los detalles de esta fecha en un bolsillo
para tratar de recuperarlos
cuando la enfermedad me lleve al olvido;
al olvido de la luz,
de la quietud y lo sencillo.

Amantes

Hoy es corporal,
me han avisado los cantos
que se desperezan
con los rubores del naranja.

Mis músculos
también me lo han hecho saber,
al intentar prolongar entre las sábanas
el anestésico olvido
que aportan algunas noches varadas.

Hoy se ha intensificado,
demanda estar conmigo
mientras escribo y plasmo en verso
este dolor, que hoy no es del alma,
sino que es del cuerpo.

Somos amantes desde hace tanto tiempo;
tanto tiempo hace que nos conocemos,
que hemos desarrollado un respeto mutuo,
con paciencia, con tiento.

Esta noche ha llovido,
solos se delatan los colores.
Hoy todo está más bello,
más bonito.
Con cada lamento
inhalo rencor y frescura,
incertidumbre y hastío.

Con complicidad cruzamos miradas
y sutilmente me dice
que no podré continuar,
continuar respirando
si no le doy la espalda
a quien secó mis alegrías
e infectó heridas con sarcasmo,
a quien me regó de silencio
y vendó con crítica estas manos.

Estoy desnuda
y tiemblo,
más de frío que de miedo.

Me asomo de puntillas
a lo que queda por venir,
apoyándome en mi dolor
y en mi esperanza no arrebatada,

bañada
en esos trinos que me han avisado

del éxtasis
y de los rubores del naranja.

Nunca digas que mueres por el amor.
No sabes lo que deseas hasta que lo tienes.

EMILY BRONTË

Flores que no olvidan

La sala

Son tristes, me digo, esos ojos son tristes. Las bolsas bajo sus pestañas acarrean clavos. Lo sé porque reconozco en ellos lo mismo que el espejo me devuelve las pocas veces que me atrevo a mirarlo.

Intuyo que la sala ha sido elegida por el castaño que se irgue fuera, la vegetación, la montaña, el sonido del río... son elementos que invocan paz, pero aquí no hay aire, lo único que respiro es plomo, me estoy ahogando. Me miro las manos, mis dedos torcidos, me duelen tanto. Vuelvo a centrarme en lo que hay fuera. Podría tratar de asomarme a ese otro mundo, pero para qué, aunque aún reconozco la poesía en las cosas, la creo ya inalcanzable. No siempre fue así, siento que hace años tenía el don de hacer brotar las margaritas y provocar la risa de las olas. Pero esa ya no soy yo, lo único que se me da bien últimamente es derramar pena salada.

Súbitamente, ya no estoy allí, sino en la cocina de casa. Es un día de esos en los que el dolor puede conmigo, estoy retorcida, pero permanezco al lado de la mesa hablando con él. Acaba de llegar del trabajo y come de cara al plato. Estoy nerviosa, he aprendido a leer su mirada, y hoy no vislumbro humanidad en sus ojos. Aun así, me quedo. Trato de rebajar su irritabilidad con conversación y alguna sonrisa. Su boca vomita las palabras que terminan por resquebrajar lo que queda de mi alma.

Vuelvo al presente, al castaño, al plomo, a mis dedos torcidos. Ahora es la tristeza la que me observa compasiva, sentada en una silla al otro lado de la sala.

Todo eran rosas

Al principio todo eran rosas,
todo eran rosas al principio.

Las dejaba al lado de mi almohada,
siempre frescas, siempre blancas.

Pétalos tersos y firmes.
Alas de paloma que afilan el viento.
Así eran también mi piel y mis senos

al principio,
cuando todo eran rosas recién nacidas,
como la espuma de las olas
al bailar consigo mismas.

Cuando mi cuerpo empezó a marchitarse
dejó de brotar vida en el jardín que él cultivaba.
Aun así, siguió trayendo flores,
de vez en cuando,
como al principio, flores también blancas.
Dejaba margaritas recogidas
a los pies de la cama.

Un seco otoño en el que rebosó agua
mi tiempo se acabó,
mis manos se hicieron piedra
y, con ellas, las margaritas
que al principio fueron rosas nacaradas.

Desde entonces solo hubo claveles de papel
que fui tejiendo con servilletas de bar
para evocar aquella
en la que un día escribió *te quiero*
con letra firme, sin miedo.

Traté de que se parecieran a las rosas del principio

porque al principio, todo eran rosas.
Pero las palomas no quisieron volver a volar
y el mar se redujo a un charco.

Ha pasado el tiempo.

A día de hoy,
de vez en cuando,
vuelvo a hacer claveles de papel
con las hojas de mis recuerdos
para volver a dar forma
al agua de aquel otoño.

Los coloco en un jarrón
frente a la ventana y los miro
para entender y no olvidar
el por qué no hubo más rosas.

Los miro porque los claveles de papel
son flores que tienen memoria.

Velo

Su marcha se llevó consigo un velo de luto,
hermoso retal de seda negra
tan suave en su tacto
que invertía horas acariciando la tela.

Su marcha se llevó consigo un velo azabache,
de tal intensidad su visión
que me impedía apartar la mirada
de su violento semblante.

Se fue arrastrando pesadamente su velo
y me dolió;
llevaba años enmarañado en mi pelo.

Aguanté el tirón que me provocó cada paso
hasta que el velo comenzó a deslizarse,
sin resistencia, fluido,
por mi cuerpo demacrado.

Un día al despertarme
el albor me mostró
que el velo ya no me cubría,
fue entonces cuando me percaté
de la profundidad de mi herida.

La piel cuarteada,
un cetrino color
y miles de cortes invisibles
que llamaban al clamor.

Necesitaba cubrir mi extenuante desnudez,
no saberme vulnerable
y cogí la punta de aquel velo
para cubrir de nuevo mis restos de alambre.

¡Quieta,
no lo hagas!
Gritó un halo de voz,
un vehemente suspiro
que habitaba en este cuerpo
que del todo no estaba marchito.

Y en ese momento
me entendí capaz,
capaz de ir soltando con mimo,
dedo a dedo,
aquel oscuro retal.

Hoy mis heridas ya se están cicatrizando,
aquello que me devoraba
lentamente se va difuminando.

A veces le veo, a lo lejos
sigue pesadamente arrastrando
su severa y fina tela,
pero ya no alcanza a rozar mis pies
el vaivén de su fría marea.

Presa

Presa de miedos no irracionales
fui llenando el embalse
con cubos de sollozos.

Aquella masa de agua apesadumbrada
fue aumentando con cada tormenta
a la par que mi voluntad se encogía.

Anudó con cáñamo mis muñecas
para impedir que volara,
hasta que la presa quebró
y las lágrimas que contenía
arrasaron con lo que se puso por delante.

Incluido él.

Nadie

A base de ausencias
aprendí a llorar sin nadie,
no sola,
solo sin nadie.

Hoy
ese nadie
ya no me hiere y,
aun así,
me siento sola,
pues ya no sé cómo se hace.

No sé cómo se llora
en compañía de otra persona.

Inspiración

¿Cómo no voy a mirar las amapolas
o esos prados bermellón
que generosamente se extienden
difuminándose con malvas y amarillos
hasta encontrarse con la paleta de azules
que nos ofrecen los mediodías de abril?

¿Cómo no voy a querer oler las rosas,
sobre todo
cuando se hallan en su máximo apogeo;
cuando sus pétalos se abren para acoger
con delicadeza los rayos de mayo?

¿Cómo no voy a admirar las gardenias
con ese mágico contraste
entre la blancura infinita de su flor
y el verde bosque de las hojas que la envuelven?

¿Cómo no me van a gustar las margaritas,
esas pinceladas minúsculas de

                  me quiere

                     o

                     no me quiere,

que bañan las lomas eternas
en las que de niña miraba al cielo
para soñar despierta?

¿Y qué voy a decir del jazmín?
¿Cómo no voy a cerrar los ojos
ante su fragancia especiada,

ante lo afrodisíaco de su aroma,
que embelesa las noches cálidas de verano
junto con el arrullo de los grillos?

¿Cómo no van a ser musas estas flores
de cientos de manos desgastadas de escribir?

En otras vidas, es cierto que
podía degustar su tacto,
embadurnarme de su color,
podía respirar su belleza
y residir en su olor.

Pero es otro mi ahora,
y no sabe cómo se dirige la pluma
hacia estados
compatibles con la hermosura.

Aún necesito tiempo y versos
para seguir asentando
amapolas y recuerdos.

Hoy no es flor mi musa
porque en mis abriles ya no brota nada,
solo una tristeza perenne
y violácea
que esculpe cada palabra.

Lágrimas

Mira al mar
y déjalas salir,
que peregrinen a su ritmo por tu mejilla,
por tu mandíbula;
deja que recorran tu barbilla
hasta el vértice sur de tu costa.

Deja que se diluyan
en el resto de agua salina
que acumula litros de desasosiego.

Llora,
no amordaces el fruto de tus pasiones.
Tu rostro se irá secando
con la brisa que hace bailar
la retama y los brezales
que se dibujan
en la parte superior de los acantilados.

Deja que tus sollozos
se confundan con el hablar de las gaviotas.

Llora, grita.

Cuando tus lagrimales
estén exentos de tristeza cristalina,
volverás a enfocar tu mirada
en el azul cobalto
que envuelve el horizonte.

Sombra

En la clandestinidad de la noche
no se distinguen formas,
no se aprecia la posibilidad.

Cuando llegue el momento, el amanecer
dibujará mi silueta en la arena
y el sol me mostrará
que la sombra que proyecto
ya no es la suya.

Comienzo

Tormenta cesante,
de mi casa en ruinas
me despojaste.

Es cierto que sus cimientos
ya estaban dañados,
pero era todo cuanto conocía,
mi hogar,
un brasero en la cocina.

Tu ira
arrancó una a una cada teja,
dejando pasar
el frío, el agua y la pena.

Explotaron las ventanas
y finísimos cristales
acribillaron mi garganta.

Tu rabia
arremetió contra la fachada.
Mis huesos quedaron expuestos,
me quedé sin nada.

Miré a mi alrededor paralizada
¿Había sido casual
o llevabas años preparando la estacada?

Cesante tormenta,
en un escombro me senté

a observar atónita
lo que mi casa fue.

Hermosa dicotomía:
no hay vida sin muerte
ni existe la muerte sin la vida,
lo mismo que el todo
no es sin la nada
ni puede darse la noche
sin la mañana alborada.

Opuestos de la mano.

Nada es lo que dejaste,
dando paso al comienzo de algo
que renace del desastre.

Tensión

Habitaba mi cuerpo
expectante,
impuesta.

Puños apretados,
mandíbula tensa.

De tanto tirar
se rasgaron los precarios hilos que me sujetaban.

Ahora, cada tarde,
remiendo mi cuerpo con tinta.
Empleo costuras flexibles
y fibras más elásticas
que no encorseten mi vida.

Me pregunto qué haré
con los retales que me sobraron del ayer.

Lo he estado pensando
y puede que cosa
con mis más dolientes agujas
un edredón grueso
que me guarde del frío

      las tardes de verano.

Amor romántico

Uñas inmundas,
garras obscenas,
se incrustan en el corazón
infectando el resto del cuerpo
con ayuda de las venas.

Pertenecen a unas erráticas manos
corrompidas de llagas
y atestadas de callos,
de durezas conformadas
por el perenne roce sobre la piel
de constructos sociales
incoherentes con el ser.

Manos nudosas, ramas artríticas,
enraizadas en el órgano responsable del palpitar,
han envenenado sutilmente
nuestra concepción de entrega
y nuestra forma de amar.

Escucho historias y leo odas
inspiradas en ese peligroso sentir,
voces ciegas que depositan su vida
en esas garras que estrujan el latir.

¡Qué arriesgado
delegar la responsabilidad de nuestra ventura!

Yo misma fui ejemplo
un amor cobarde, celoso y carcelero,

custodio de la libertad
que hace grande a cada sujeto,
a cada ser humano que, intuyo,
no ha nacido para ser esclavo
de un amor romántico e incongruente,
de unas manos callosas y opresoras
que anulan su simiente.

Primavera impertinente

Miradas de reojo disimulan su atrevimiento.
Murmullos callados se giran con recelo.
Ráfagas de susurros hablan de ello.
Lenguas desconfiadas comentan tras un velo.

Para algunos es ultraje,
para otros es ofensa,
la irrupción descarada
y los prontos y drásticos gestos
de esta primavera renovada.

¿Cuándo han empezado a ensordecer los trinos?
¿Quién ocultaba la belleza de la prímula?
La sombra de febrero la custodiaba;
seguía latiendo, estaba,
pero nadie la escuchaba.

Se ha manifestado a mediados de marzo,
enérgica e imparable,
la metamorfosis que deja en el olvido
un paisaje desnudo de hojas.

Tundra callada, sin sonido.

Rumores cortantes llegan a mis oídos,
ecos de vencejos que temen ser suplidos,
siseos resentidos,
suspiros nostálgicos de un gozo que han perdido.

No es posible el calor sin su contraste.
La naturaleza no responde al apremio, por eso,
marzo requería de febrero

y yo necesité el impávido invierno
para florecer de nuevo.

Los días del pasado vagan dentro de ti
como una secuencia matemática desordenada…

FELIPE BENÍTEZ REYES

Reminiscencias y alfileres

Entre él y el cielo

Deposita en el suelo su mochila de ternura e ingenuidad para buscar a tientas el tacto conocido de mi mano. Para él siempre es la primera vez, aunque haya bailado en otras ocasiones con el raso blanco de las olas.

Los deditos de sus pies juguetean desnudos a hundirse en la calidez de las dunas que conforman la antesala. Me mira a los ojos y vuelve al horizonte. Sus pupilas se expanden, tratando de abarcar, avariciosas, la máxima cantidad de agua posible. Se empapa de luminosidad, bebe la brisa colmada de yodo, se llena de Mediterráneo.

La expectación le mantiene amarrado a la tierra. Se debate entre mi cercanía y volar hasta el lugar donde las olas se conjugan con la arena, ese lugar donde Sorolla inmortalizó los baños de luz de otra infancia.

Se emancipa de mi abrazo y corre, corre dejándose invocar por la fuerza de la marea. Acude a una llamada que solo puede escuchar la niñez y se sumerge en libertad. Ya no hay nada entre el mar y su cuerpo de cinco años, ya no hay nada que le separe del cielo.

Le observo mientras navego por la reminiscencia de toda una vida. Le quiero tanto…, solo uno de sus besos es suficiente para borrar el pasado.

Promontorio blanco

Alicante,
abrazaste con ternura la llegada de una niña
que dejaba atrás coloridos tapices tejidos de recuerdos.

Traía consigo raíces turbias en su bolsa de viaje
al ver cómo su madre había sido arrastrada
por la plúmbea tristeza
que es escolta de las enfermedades del alma.

Alicante,
me adoptaste como a una más de tus hijas;
fui albergada por tus naranjos y limoneros,
por tus tramas de olivos segmentados
al igual que el cuerpo de ella.

Con paciencia
diluiste mi soledad en las corrientes de tus aguas
y tus atardeceres
padecieron la pérdida de quien ya no era.

Promontorio blanco, tierra de contrastes,
cuando me detengo
aún puedo escuchar a las níveas gaviotas
bramando afónicas, desgañitadas,
clamando por mi regreso.

Promontorio blanco, aún puedo escuchar
cómo el devenir de las olas
me convoca, acuciante,
al hogar.

Mar de mares

Mar de entre tierras,
¿te acuerdas de aquella cita
en la que estuvimos a solas
a la vera del fin del mundo?

Desde la comisura de tus labios
dibujaba en la distancia
los perfiles afilados
de tu costa de crustáceos y basaltos.

Tú, con una suavidad infinita,
acariciabas con tus yemas espumosas
el lado más oculto de la Luna.
Yo, desnuda de cuerpo y alma,
me dejaba abarcar por tus cortinas nacaradas.

Han pasado incontables estíos desde entonces.
Añoro que cubras mi piel de escamas
y perderme en tu densidad turquesa
recortada de brochazos índigo y arena.

Volverán los días de intercambiar nuestras voces
a través de pulidas caracolas.

Mar de los mil nombres,
volverán los días en los que mi pelo
se enrede con el yodo de tu aliento;
los días en los que recostada sobre tu vientre
pase del presente al recuerdo
y del recuerdo al olvido.

Villa de sal

Sin haberse inaugurado
el resucitar de los himnos matutinos,
me deshago de la maraña de sábanas
que desde hace siglos
encadenan este cuerpo a su lecho.

El rocío no amanecido dice mi nombre, me llama.
Huelo un cielo despejado de sombras,
pero no hay luna ni estrellas que se reflejen
en el agua clandestina de los charcos.

Camino sin rumbo
por calles que no recuerdo, pero que sí conozco.
Mis pisadas van dejando huella en la nieve salina
que chorrean las arterias de una villa.

Asciendo por un río de lágrimas secas
mientras un sol ansioso de vida
pincela con mano desbocada
dolinas y cuevas de naranja incandescente,
mostrando una belleza afligida
a quien observa desde lo alto
de una cumbre de yeso y salitre.

Allí el horizonte se rompe en colores malva y carmesí
que reflejan los campos infinitos de viñedos y olivares,
mares extensos que invitan a la mirada
a bucear en lo profundo de uno mismo.

Pasos autómatas me han llevado a este lugar
desde el que puedo sujetar el cielo
y en el que las flores sudan cristales.

Desde aquí, desde lo alto,
toco el crepúsculo
mientras diviso el amanecer
de un asentamiento de sal.

Me despierto de nuevo, ahora sí,
con el cantar del alba.

Ha sido un sueño, una premonición.
Me aferro a la almohada
tratando de guardar la memoria
de un pueblo y una montaña en salmuera.

Vuelvo a recorrer unas calles que,
aunque aún yo no conozco,
mi alma sí recuerda.

La voz del Manzanares

Aterricé en su flanco derecho
proveniente de un lugar
pintado en escala de grises;
un cuadro que, con solo mirarlo,
me dejó cicatrices.

Deshice un equipaje de tristeza y esperanza,
aquí, a la vera de este caudal,
vestido de rincones secretos
que su rumor se niega a confesar.

Frecuentemente camino
hasta los márgenes de su pelvis
para sentirme parte de su flujo de vida,
que al igual que los ciclos
de letargo y crecimiento de los castaños,
la tensión de su pulso varía.

Me tumbo mirando al cielo,
en alguno de los libidinosos retales de granito
que acarician eróticamente sus costados.

Son grabados cuidadosamente cincelados
por la precisión de una mano esmeralda
que alimenta la exuberancia
de un mar de tomillo, jara y lavanda.

Sumergida en una marea de enebros
y empapada hasta el alma
del sol de enero,

escucho el silencio sepultado
por la voz del Manzanares,
que se alza más allá de la Pedriza,
de sus cumbres y pinares.

Sin título

Me pierdo por los Pinares de Valsaín,
deambulo sonámbula.

Atravesar sus caminos laberínticos
es beber de un manantial de inspiración.

Hay zarzas a la vera del río.
Cuando me acerco,
la vegetación puntiaguda hiere.
Por cada dedo que lacera
brota una idea.

Cruje el manto de pinocha bajo mis pies.
Allí existe un canto
que sólo el bosque y yo
podemos escuchar.

Los helechos,
la humedad,
el musgo,
todos me sugieren.

Cojo mi cuaderno,
prolongación de mí,
y atesoro los secretos
que esta espesura de agua,
de viento y de leyendas
esconde entre sus ramas.

Lo siento,
me detengo,
lo escribo
y continúo vagando
absorta pero consciente.

Él lo sabe y yo lo sé:
formo parte de este bosque
de ninfas y letras.

Inspiro su luz
y exhalo poesía.

Soberanía falaz

(A los poseedores de la verdad.
A quienes opinan de todo, incluso del dolor ajeno)

Soberanos de espejismos,
los reinos que gobernáis
solo existen en vosotros,
podéis tocar sus lindes
con solo alargar vuestro brazo.

Son minúsculos,
como minúsculos son
los códigos que empleáis
para juzgar la forma de vida
de aquellos que consideras vasallos.

Majestades sin domino,
en urnas de mayor tamaño os desorientáis,
por eso, vuestro trono de despotismo
se asienta sobre la injusticia y la radicalidad;
por eso,
la corona que sin saberlo os adolece,
esta fraguada de miedo e inconsciencia.

Os habéis autoproclamado
para sentir que tenéis algún control
en una realidad que os abruma.
Miráis desde arriba
todo lo grande que no encaja
en vuestro exiguo estado.

¡Monarcas de la entelequia,
alzad vuestro estandarte,
alzad vuestra voz!
¡Alzaros,
reyes de la soberbia!

Que no haya nadie
que se quede sin atestiguar
que vuestro poder es tan desmedido
como el ánfora en el que lo ejercéis.

Rosas

(A mi abuela)

Con alcohol de romero,
tersos y suaves pétalos
acariciaban mi espalda de niña.
Eran de terciopelo esos pétalos,
como la fina piel
que dejaba ver la roja savia
que alimentaba su tallo y sus hojas.

En uno de esos pétalos
siempre llevaba un zafiro
que era parte de su esencia,
como el cristal
en forma de lágrima
que me dejaba encajar
en el diminuto orificio que habitaba
en medio de su pecho de ópalo.

Su aroma embriagaba su reino,
localizado en las entrañas
de un Madrid de los ochenta
y rodeado de un foso
florecido de rosas y petunias.

Hace mucho que ya no está.
Ya no puedo juguetear con la lágrima
ni enredar mis dedos con sus pétalos.
El romero ya no ha vuelto a oler igual.

Se fue, pero quedó su fragancia;
se encarnó en todas las rosas.

A veces me llega su olor
en lugares
donde ni siquiera crecen flores.

Mujer

Llama avivada fuiste, mujer,
alimentabas tu fuego con rebeldía,
abrasaba tu pasión por la vida.

Mujer,
ardías de deseos de volar
más allá de donde se pierde la mirada.

Tu arrojo era incendiario.
Intrépido era aquel
que trataba de acariciar tus alas.

¿Qué pasó, mujer?
¿En qué momento las fulgurantes llamas
mudaron en ascuas?

La lumbre se fue apagando
sin que nos diéramos cuenta,
con cada gota de agua marina
que se derramó sobre tu esencia.

Dejaste de ser hoguera que calienta,
te redujiste a los rescoldos
que sobrevivieron a la noche helada.

Pero mujer, madre, esos rescoldos
no están del todo sofocados,
templan mis manos aún.

Tu pedregoso transitar no ha extirpado
la semilla que brota con el tacto del pincel,
la que florece cuando manipulas el color.

Así es como regresa el brillo a tu rostro,
mutas en delicadeza,
se agudizan tus siete sentidos,
se aviva ese embravecido fuego;
ese océano de llamas, mujer,
que no hace algún tiempo

mi madre *ES*.

Piel de hierro

(A mi padre)

Me reconozco en un rostro plisado,
fruncido de arrugas confesas que hablan de años.

Hablan de un hombre que por amor
se enfundó una piel de hierro,
un abrigo de esparto
y una sonrisa de lana
para abrazar un delicado narciso
y que nada le pasara.

Caballero de galante armadura,
todo era ligero en primavera y en verano,
pero no previste lo que le hacen los inviernos
a la lana, al hierro y al esparto.

La lluvia y el frío encogieron tu sonrisa
y la nieve hizo de tu abrigo
una alforja cargada con el peso de paños empapados.

Mojada tu armadura comenzó a oxidarse,
abriéndose agujeros en esa piel de hierro
que en realidad era tu carne.

Pero qué podías hacer,
caballero de trabajada armadura,
si no hubo flor sin dos.

Qué podías hacer,
caballero de armadura marchita,
con una mujer y una niña
nacidas de una misma semilla.

Caballero, veo en tu mirada
una inmensa valentía,
un profundo amor y mucha nostalgia;

pero sé que también hay dolor y penas
en tus manos de hojalata,
esas que me acunaron,
que me levantaron
y que me siguen sosteniendo
a pesar de la edad, de la erosión
y de los caprichos del viento.

Candela

Mi niño de pelo dorado,
tenías tantas ganas
de abrirte camino en este mundo,
de degustar el amor incondicional,
tratar de tocar un cielo
que aún no sabías inalcanzable,
impregnarte del olor
de tus primeros abrazos
y de ser acunado por la voz
de quien te había cantado
mientras lloraba.

Mi niño de pelo dorado,
tenías tantas ganas
de conocer el rostro de aquella súplica
que cada noche te decía:
"no tengas prisa corazón,
aguanta otro día".

Tantas ganas tenías,
que tuvimos que postergar
los paseos, las visitas,
la poesía, la alegría.

Juntos nos acomodamos
durante ciento treinta y cinco lunas
en una cama vestida
con el yugo de la posibilidad
de no mirarnos a los ojos algún día.

Hoy sé
que estoy en deuda con el destino
por haberme permitido
besar cada mañana tu pelo que,
oscuro de nacimiento,
se tornó luz,
se tornó sol,
se tornó centeno
del más intenso brillo.

Alumbraste con tu sonrisa
el enjambre que era aquel presente
de miedo y soledad.

Por eso
te doy las gracias, mi amor,
amor de mi vida,
niño de pelo radiante,
candela de llama infinita.

Que tu silencio venga hasta mis brazos,
Se ahonde y se transforme
De pronto en un murmullo,
En un acercamiento de la entraña,
Y que todo tu ser esperanzado
Se articule hacia la luz,
…

JORGE GUILLÉN

Casa de arena y paja

Encuentro

Lo que le diré, lo que contestará, su mirada, mi timidez, nuestras confesiones, la montaña, la fragancia de los pinos, los acordes del agua…, ya han sucedido cientos de veces en el recuerdo de lo que aún no ha sido.

He llegado pronto. Inhalo profundamente el aroma que desprenden los paños amarillos de la retama en flor que crece a esta altitud. Revuelvo en mi mochila buscando nada por hacer algo mientras le espero. En ese momento escucho como a la conversación de las cumbres se le une el sonido de la furgoneta que tan bien acabaré conociendo. Tengo el estómago apretado, pero lo que lo estrangula no es el miedo, sino el desvarío disuelto en ilusión que se instaló en mi pecho desde el día en el que logró que volviera a escuchar el estruendo de mi risa.

Ayer simulé escuchar las voces que me advirtieron de los riesgos de este tipo de encuentros, pero he preferido hacer caso a mi décimo sentido, ese que tengo directamente conectado con el corazón. La furgoneta ya está aparcada y, tras mirarnos por primera vez, nos fundimos en el abrazo de dos personas que se conocen sin haberse visto nunca. Divertidos, tratamos de encontrar alguna similitud con el busto que cada uno ha modelado del otro empleando escayola e ingenio.

Con una mochila en la espalda comenzamos a caminar desde el Puerto de Cotos hasta la Poza de Sócrates. Llevo agua, algo de comer, mi historia y muchas piedras. Cargo con el peso de años, aunque mi paso es algo más ligero que el de hace meses. Hablamos de forma atropellada. Quizá sea por los nervios, quizá porque hay mucho que contar o puede que nada en realidad, y solo sea por la necesidad de rellenar espacios con palabras.

Interrumpimos ese intercambio de vacíos e historias al escuchar el golpeo del agua contra las rocas. Una vez allí, nos desnudamos de vergüenza, después nos quitamos la ropa. Nos reímos mientras perdemos la sensibilidad en los dedos de los pies y, sin embargo, no tenemos frío. Tampoco cuando la cascada nos empapa y arrastra nuestros temores.

Nos unimos en un beso torpe, arrítmico. Necesitaremos más para que nuestros labios bailen coordinados. Hago algo, un gesto que repetiré a menudo; un gesto que me transporta a una tierra de placer y de sosiego: callo mis párpados, sello mis oídos, empapelo mi piel y clausuro mi boca, para que todo sea el cálido olor de su cuello.

Palabra muda

Aún sigo doliendo
por la soledad disfrazada de familia
y la manera que tuvo
de hacer callar al silencio.

Es este dolor nostalgia amarga
que me gusta beber humeante,
a sorbos, en mis solitarias mañanas
de escritura carmesí.

Sin embargo, hace algunos párrafos
borbotea ansioso
un nombre sin denominación,
una sensación que tengo prohibida.

Ha llegado demasiado pronto.
Tenía planeada una noche eterna
de ira vertida en negros versos
escritos con letra torcida.

Quería que esta muerte durara más.
No entiendo cómo un destello
ha podido dibujar luz en mis sombras.

No entiendo en qué momento
el ocaso se ha bañado en unos besos
que sin quererlo
ya han echado raíces en mis labios.

¡Me da tanto miedo quedarme sin voz
si me atrevo a pronunciarlo!

¡Es tan temprano!

No puedo, no puedo decirlo
porque mi boca sabe bien
que a pesar de esa pronta llama

en mi dolor
              aún no ha amanecido.

Promesa

Un día de dos mil veintidós
él, con una maleta en la mano
y una mochila de granito en la espalda,
se fue dejando tras de sí
un reguero de llanto color plata.

Hice un juramento a una persona
a la que profundamente amo:
ese día me prometí
que me protegería mejor.
Fue un pacto gritado al aire,
un compromiso acérrimo con mi yo.

De ese modo, pondría fin
a la amargura disfrazada de felicidad,
a los gritos y a la tristeza suturada.
Se acabarían las contusiones emocionales
al no tener compañía en mi cama.

Puse el cartel de **"NO PASAR"**,
mantuve la puerta cerrada,
las persianas bajadas
y la llave siempre echada.

Nadie más entraría
en la antesala de mi vida.
Esa es la verdadera razón:
no estaba preparada para ti,
amor.

Exponerme a tu cariño
era una temeridad,
un atentado contra mí misma
y un peligro para mi integridad.

Aun así,
y sin saber ni cómo ni cuándo,
te colaste por las rendijas peor selladas,
te escabulliste por pasillos y rincones secretos
que no sabía que llegaban a mi alma.

No estaba preparada para ti,
amor,
pero tus caricias esquivaron las defensas,
se adhirieron a mis huesos
y pasaron la frontera.

Esas caricias,
que lejos de ser una amenaza,
me han brindado una ternura
que ya tenía muy olvidada.

Rompí mi promesa.
No pude evitar caer en la tentación
de respirar el aliento de tus besos,
exprimir el jugo de tus abrazos
y erizarme con el roce de tus dedos.

No mantuve mi palabra
y no me arrepiento.

Me expongo a la posibilidad
de que se abran cicatrices encostradas.

Pero esta vez será diferente.
Esta vez disfrutaré de tu esencia,
de la pasión y del deleite
sin descuidar a mi persona más amada:
mi yo del hoy,
del ayer y del mañana.

Lírica

¿Qué magia ejerce esa lírica
que arrulla melódicamente el tierno lóbulo
y viaja por el sentir
hasta transformar el corazón
de quien es objeto de su hechizo?

¿Qué magia tiene esa lírica
que acaricia sutilmente
los labios de su emisor,
permaneciendo suspendida
como gotas de rocío
y transformando la energía del ambiente
en sentimiento palpable?

¿Cuál es el secreto de esa lírica
que calma el alma del que le da oídos
y libera la hermosa opresión del amar
a quien la teje con palabras?

Esa lírica hechicera y bruja guía mi mano,
capitanea cada dedo
para hacerse tangible
y transfigurarse en verso,
para materializarse en voz,
una voz que dice:
te quiero.

Martes

Es martes,
uno es de esos días
en los que todo duele:
los tobillos,
las sienes,
la distancia,
el pasado.

Y no tengo tu abrazo,
y tu mano hoy
no cobijará la mía,
y no puedo descansar
en el consuelo de tu pecho.

Apretaré los dientes
y cerraré los ojos, fuerte.

Cortaré mi piel y mis recuerdos
para remendarlos después
y mantenerme ocupada
durante el tiempo que reste
hasta poder sellar
de nuevo mis labios
con el lunar que vive al este
del cielo de tu espalda.

¡Si pudiera!

¡Si pudiera modelar con versos
las líneas de tus ojos,
escribir con arcilla
la curva de tu cuello,
con acrílico cincelar
tus inhóspitos rincones
y pintar con palabras
el tacto de tus dedos!

Si pudiera hacer eso,
estaría a mi alcance
transmutarte en arte
y detener el tiempo,
embadurnarme de tu naturaleza
y hacer de tu substancia
mi alimento.

Mis yoes y yo

Como siempre,
me despierto antes que el mundo,
sobrepasada por el peso
de siete horas de letargo.

He olvidado lo que es
deshacerme de las sábanas
con el entusiasmo de saber
que todo comienza de nuevo.

Mis incontables yoes
litigan por el protagonismo de la jornada.
¿Cuál de ellos me acompañará?
¿El de la derrota, el de la angustia
o el yo de la esperanza?

Los dedos de mis pies acarician el suelo y
ya sé cómo me sentiré
durante el tiempo que tarde el sol
en regresar a su lecho.

La derrota emerge sin disimulo
cubriéndome con sus pétalos marchitos.

Pero hoy,
a diferencia de otros despertares,
me he encontrado con tu abrazo y tu cariño,
con tu silencio
que me envuelve y me comprende,
y con esos besos tuyos

capaces de soportar
el ajuar que me acompaña.

Esta noche

Esta noche he abrazado tu cuerpo
con cada palmo del mío.
Lo he abrazado hasta que no ha habido
ningún centímetro de tu piel
que no pudiera abarcar mi aliento.

Con mis piernas
he rodeado tu carne acuarelada.
Mis labios rozaban la punta de tu nariz
y así, durante horas,
he respirado
los sueños que cobraban vida
detrás de tus párpados.

Has estado preso en mis brazos,
secuestrado por el ansia agónica
de difuminar mi pelvis con la tuya,
de empastar la textura de tu vello
con los pliegues de mis senos.

La temperatura de tu torso desnudo
ha introducido tonos cálidos
en el añil de mis flaquezas,
cubriéndonos a ambos
de una seguridad de lino y seda.

Me han sangrado los ojos
tratando de evadir una muerte
que, aunque transitoria,
iba a silenciar mis oídos ensimismados

en el bombeo pausado
que estaba marcando un jubiloso
corazón de ocho ventrículos.

Esta noche, amor mío,
me he embadurnado de un olor
que solo es tuyo
con la esperanza de resucitar
y volver a perderme
en la esencia que desprende
ese lugar que se encuentra
a tan solo dos centímetros
del vértice de tu oreja.

Mientras tus ojos estaban en reposo
mis besos han viajado
a tus lagrimales ocultos
en la penetrante cueva de tus cejas
para depositar en ellos
el sutil revoloteo
de las ciento treinta y dos mariposas
que avivan mi deseo.

Esta noche
te he cubierto de mis ganas de ti.

Esta noche
he entrelazado mis dedos
con los de tu mano derecha,
esa con la que expresas tu mirada,
esa con la que tiernamente me sostienes.

Por eso, amor mío,
esta mañana has amanecido
en un caos de curvas, aromas,
pliegues y apetitos.
Porque esta noche, vida,
tu alma se ha fundido con la mía.

Casa de arena y paja

Las áreas reveladas de mi cuerpo
se van despidiendo con el sol de la tarde.
Es un día de agosto a primeros de abril.
Difícil es no quedarse absorto
ante un cielo expresionista
cargado de tintes pastel.

Las plantas de mis pies
se templan al contacto con la piedra
que ha guardado recelosa un calor
que se sabe transitorio.

Alterno la escritura
con la contemplación de lo que me rodea
y fijo la mirada
en una casa de arena y paja
que ya se ha convertido en otro hogar.

Sus muros sudan arte y esfuerzo,
son morada de sueños e ilusiones
y mantienen conversaciones
acerca de lo que esconde
el corazón de su dueño.

En una de sus esquinas hay una roca
de la que brotan plantas silvestres
que se abren camino
allí donde no es posible.

También hay una higuera
que tiene tres vidas,
una por cada puerta que custodia:
una verde, una negra y una blanca,
siendo esta última
la protagonista de la estampa.

Su tronco, rugoso y adormecido,
se inclina curioso
tratando de participar
de la intimidad de los vecinos.

Sus ramas se extienden muy tersas,
dedos infinitos tratando de tocar
la trama de tejas que se solapan,
puntadas de lana
que rompen la quietud del horizonte.

Este árbol que vela y salvaguarda,
se halla en un alto,
de granito una terraza.

A sus pies le acompañan tres rosales,
ahora en plena ebullición de hojas burdeos
y de tallos preparados
para la eclosión de sus flores.

Bajo estos guardianes,
prolongación de su muralla,
se encuentra un banco encorvado
con una piel curtida por los años, cuarteada.

A través de las arrugas del anciano,
las raíces y nuevos vástagos del frutal
tratan como pueden de expandirse
con la finalidad de abarcar la totalidad.

Es un lugar privilegiado
para recrearse en la fachada
de esta casa que empiezo a amar,
de esta casa de arena y paja.

Hablo desde la emoción
cuando describo este rincón de mundo.

¿Cómo no iba a hacerlo
si ha sido refugio de soledades,
si ha hecho emanar risas
cuando todo era agua salada?

¿Cómo no iba a hacerlo
si me ha abrazado con pasión,
ayudándome a salir de un invierno
que pensaba que iba a ser eterno?

El sol ya se ha puesto
y el engaño ya no es tal.
Ha refrescado,
es primavera, no verano.
Me pongo una chaqueta fina
para protegerme de la ingenuidad.

Descalza atravieso la entrada
de esta casa de arena y paja

que me llama, que me acoge,
que me acompaña y que me ama.

Traspaso el rellano de mis miedos
con mi dolor, mi fatiga,
un cuaderno y trece heridas.

Me digo que:

tan solo es un paso lo que se necesita
para cambiar de escenario
y emprender una vida distinta.

EPÍLOGO

Nada calla, todo duele.
Se lamentan más los recuerdos
que mis dedos secos
afanados en teclear,
pero es preciso dar salida
a lo que ha sido silenciado.

Con la última palabra
de este poemario
siento algo que tenía olvidado.

Paz

Ahora, por fin, todo está en su lugar:

el perfume a rosas
a través del que ella se revela,
la hiedra tersa
que trata de acariciar
los primeros rayos,
el miedo que es trinchera,
el río que arrastra piedras y años,
mis anhelos empapelados,
las respuestas que no encontré,
sus besos,
mis caricias,
los amaneceres de versos y plumas,
la ira apaciguada,
el peso de la vida,
la máscara con la que oculté
los gritos que nadie oyó,
el agotamiento, que es letargo,

la desesperanza
que se funde con las ganas,
mi cuerpo de hojalata
al que hay que engrasar,
la lana,
el mar en el que las lágrimas
se fundieron con mis sueños,
todas las promesas que le hice
y que me he hecho,
mi primer *te quiero*,
los claroscuros
que puede adoptar una mirada,
la necesidad de hacer arte de él,
mis múltiples caras,
las noches de deseo,
mi preciosa candela
capaz de iluminar
mis rincones más inciertos,
la mujer y madre
que vive en su carne
lo que su carne padece,
la higuera,
sus ausencias transitorias,
la mano que con sus heridas
me hizo llorar y levantarme,
la primavera vigilada y emergente,
los susurros, los murmullos,
los bosques que me hablan y,
por supuesto,
la casa, su casa,
la que dio cabida
a todas estas palabras,

la casa de arena,
de arena y de paja.

NOTA DE LA AUTORA

Sequía es el cuadro que protagoniza la portada de *Casa de arena y paja*. Es obra de un maravilloso pintor expresionista llamado Óscar (Vuhed es su nombre artístico). Además de ser un artista visceral, es quien me ha demostrado que era posible ser querida a pesar de las hirientes ortigas que a veces laceran a quien me toma de la mano. También es el protagonista y el alma de la casa que da título a este poemario. Él mismo levantó sus paredes empleando un adobe elaborado con paja, acrílico, arena e ilusión. Las piedras que cubren sus muros exteriores están envueltas de un amarillo anaranjado que la hace despuntar del resto de casas del precioso pueblo de Zarzalejo.

Su interior de madera, su sabor a pino silvestre y su olor a música, me hicieron sentir lo suficientemente segura como para emprender este viaje.

Por su parte, *Sequía* rezuma simbología. El agua es a la tierra lo que el amor al alma, por eso, yo me fui secando con los años. Cada vez más agrietados, mis brazos comenzaron a retorcerse y estirarse al igual que los negros árboles del cuadro, suplicando un resquicio de lluvia que pudiera rehidratarlos. Los ocres, los siena y los tierra que emplea Vuhed me llevan a esa arena mezclada con paja que da solidez a un hogar que, de alguna manera, se ha convertido también en el mío. La oscuridad que emana del suelo y termina fundiéndose con lo árido del ambiente, podría representar ese dolor que me estaba ahogando antes de descubrir la capacidad que tiene la poesía para sanar.

Por todo esto, no podría ser otra imagen u otro cuadro el que encabezara los versos que respira este libro. Quiero darle las gracias a Óscar por prestarme *Sequía* y por ser el mejor compañero que podría haber tenido en este proceso.

ÍNDICE

PRÓLOGO   9

INTRODUCCIÓN   13

Páramo   17

Un mundo sin verde   19
Por siempre jamás   21
In-versa   23
Proyección   25
Días vencidos   27
Decía   29
Lluevo   30
Claro   31
Oscuro   33
Al otro lado   34
Joker   35
Libre para morir   37
Para el bolsillo   39
Amantes   41

Flores que no olvidan   45

La sala   47
Todo eran rosas   48
Velo   50
Presa   52
Nadie   53
Inspiración   54
Lágrimas   56

Sombra   57

Comienzo   58

Tensión   60

Amor romántico   61

Primavera impertinente   63

Reminiscencias y alfileres   67

Entre él y el cielo   69

Promontorio blanco   70

Mar de mares   71

Villa de sal   72

La voz del Manzanares   74

Sin título   76

Soberanía falaz   78

Rosas   80

Mujer   82

Piel de hierro   84

Candela   86

Casa de arena y paja   89

Encuentro   91

Palabra muda   93

Promesa   95

Lírica   98

Martes   99

¡Si pudiera!   100

Mis yoes y yo   101

Esta noche   103

Casa de arena y paja   106

EPÍLOGO   111

NOTA DE LA AUTORA   117